La espiritualidad
de la recaudación
de fondos

Henri J. M. Nouwen

John S. Mogabgab, *editor de la serie*

ISBN 978-1-56344-967-3

Copyright © 2022
The Henri Nouwen Legacy Trust

Publicado por Global Nazarene Publications
y The Church of the Nazarene, Inc.

Publicado originalmente en inglés con el título
A Spirituality of Fundraising
Copyright © 2010
The Henri Nouwen Legacy Trust
Todos los derechos reservados.

Ninguna parte de este libro puede ser reproducida de ninguna
manera sin el permiso escrito de la editorial, excepto en citas breves
incorporadas en artículos críticos o reseñas. Para obtener más
información, puedes escribir a Upper Room Books, 1908 Grand
Avenue, Nashville, TN 37212.

Sitio web de The Upper Room: es.upperroom.org

Sitio web de Henri Nouwen Society: www.HenriNouwen.org

UPPER ROOM®, UPPER ROOM BOOKS® y los logotipos de
diseño son marcas comerciales propiedad de The Upper Room®, un
ministerio de GBOD®, Nashville, Tennessee. Todos los derechos
reservados.

A menos que se indique lo contrario, todas las citas bíblicas fueron
tomadas de la Santa Biblia, NUEVA VERSIÓN INTERNACIONAL®
NVI® © 1999, 2015 por Biblica, Inc.® Usado con permiso de Biblica,
Inc.® Reservados todos los derechos en todo el mundo. Used by
permission. All rights reserved worldwide.

Diseño de la portada y del interior: Sue Smith y Pearson & Co.

Arte de la portada: Gogh, Vincent van, (1888). El sembrador. Erich
Lessing / Art Resource, NY

Foto de Nouwen y Magadgab por Mary Ellen Kronstein. Usada con
permiso. Primera edición: 2010

ÍNDICE

A PROPÓSITO DE LA SERIE SOBRE ESPIRITUALIDAD DE HENRI NOUWEN

Henri Nouwen se involucraba profundamente en todos los asuntos; no se conformaba con observar la vida desde afuera, sino que se acercaba a las nuevas experiencias y relaciones con todo el entusiasmo posible. Contemplaba el mundo con la ilusión de un niño, convencido de que justo en el centro de su vida, encontraría al Dios que nos ama incondicionalmente. La pasión constante de su vida y su ministerio fue ayudarnos a reconocer a este Dios en el entramado mismo de nuestras vidas.

La serie sobre espiritualidad de Henri Nouwen representa su legado de compromiso compasivo con los problemas y las preocupaciones contemporáneas. Esta serie, desarrollada a través de una asociación entre la Henri Nouwen Society y Upper Room Ministries, ofrece una presentación renovada de aquellos temas que eran muy importantes para Henri. Esperamos que cada uno de estos libros te ayude a descubrir que, en tu vida cotidiana, Dios está más cerca de lo que crees.

PRÓLOGO

En una ocasión, hablando ante una gran audiencia reunida para conocer más acerca de la recaudación de fondos como ministerio, Henri Nouwen se enteró de que en el vestíbulo se habían vendido todos los ejemplares de su último libro. Al mediodía, se dirigió a la librería más cercana con el fin de comprar más ejemplares para tenerlos a mano. De camino al coche, se le acercó un joven vestido de manera informal que le pidió dinero para volver a su casa en Francia. Como era habitual,

Henri le dijo: «Sube al coche, ven conmigo y háblame de ti».

Mientras Nouwen conducía, el joven le explicó su fallido intento de conseguir un trabajo deseado en Canadá y la imposibilidad de volver a su casa por falta de fondos. Ya tenía el pasaje de vuelta y salía esa misma tarde con destino a París, pero no tenía dinero para ir desde allí hasta su ciudad natal, en el sur de Francia. Una vez realizada la compra, Henri regresó al centro de conferencias y, al despedirse del joven, le dio doscientos dólares y le pidió que le avisara cuando llegara sano y salvo a casa.

Ese mismo día, al terminar las conferencias y justo antes de marcharse, los vendedores de libros del vestíbulo le entregaron a Henri un sobre en agradecimiento por su amabilidad con ellos. Al abrir la tarjeta, ¡encontró una nota de agradecimiento y un cheque de doscientos dólares!

La generosidad engendra generosidad. Esto es especialmente cierto cuando la generosidad está arraigada en el terreno fértil de la cercanía. Gracias a su actitud abierta y llena del Espíritu, Henri siempre procuraba encontrar aspectos comunes con las personas que conocía. Una gran generosidad de sí mismo era el origen de su generosidad con el dinero. Su deseo de establecer relaciones auténticas despertaba este deseo en los demás, y esto le hacía sentir que la gente era generosa con su tiempo, su preocupación y también con su dinero.

En muchos sentidos, Henri era un hombre rico y generoso con los recursos y la disposición para dar. También necesitaba fondos para mantener sus numerosos y apasionantes intereses. Por ello, experimentó la recaudación de fondos desde las dos perspectivas, y su visión de esta surgió de la experiencia real de verse llamado a donar dinero y de pedir a otros que apoyaran sus diversos ministerios. Entonces, con el tiempo, su visión se extendió más allá de lo personal a lo universal.

Al igual que muchos de nosotros, la visión de Henri comenzó con la idea de que la recaudación de fondos era «una actividad necesaria pero desagradable para apoyar los asuntos espirituales». Sin embargo, su pasión por el ministerio y por vivir a partir de una motivación espiritual lo llevó a profundizar más y más hasta que finalmente pudo decir con convicción: «La recaudación de fondos es, ante todo, una forma de ministerio».

En este breve documento, Henri despliega su pasión y entusiasmo por el reino de Dios. Ofrece a todo el que esté motivado por el Espíritu de Dios unas lentes nuevas para ver y vivir su ministerio de recaudación de fondos como parte esencial de su misión: «¡La recaudación de fondos es un acto tan espiritual como pronunciar un sermón, dedicar un tiempo a la oración, visitar a los enfermos o dar de comer a los hambrientos!».

La recaudación de fondos, como ministerio, incluye la proclamación y la invitación, así como la conversión. «Recaudar fondos es proclamar aquello en lo que creemos de tal manera que ofrezcamos a otras personas la oportunidad de participar con nosotros en nuestra visión y misión». Para Henri, la proclamación y la invitación suponen una llamada desafiante a la conversión, tanto para los recaudadores de fondos como para los donantes: «La recaudación de fondos es siempre un llamado a la conversión». Todos son llamados a una relación nueva y más espiritual con sus necesidades y sus recursos. Henri anima a las personas que se dedican a la recaudación de fondos a tener más confianza en sí mismas y a ser más alegres, a pedir sin disculparse. Y en esta visión no se benefician solos, porque los donantes también participan en una nueva comunión con otros, a la vez que pasan a formar parte de una visión espiritual mucho más amplia y fructífera.

Gracias a la fructuosa relación entre la Henri Nouwen Society y Upper Room Ministries, este proyecto y su transición de la idea a la realidad confirman el mensaje espiritual del manuscrito en lo referente al ministerio, la visión, el pedir, el dar y el recibir. Estoy convencida y confío en que la inversión colectiva de tantas personas en la creación de este libro se multiplicará muchas

veces por su impacto en la visión y la práctica
de la recaudación de fondos de innumerables
personas y organizaciones.

Sue Mosteller, Congregación Hermanas de San José
The Henri Nouwen Legacy Trust

AGRADECIMIENTOS

El 16 de septiembre de 1992, Henri Nouwen
habló ante la Fundación de Servicios Familiares
de Marguerite Bourgeoys sobre la recaudación
de fondos. Fue un discurso informal que
surgió del corazón y no necesitó de un texto
escrito. Felizmente, la charla se grabó en cinta
y la transcripción se editó un poco. De vez
en cuando, se entregaban copias de la charla
a personas u organizaciones que participaban
en actividades de recaudación de fondos. La
respuesta positiva a la nueva visión que Henri
comenzaba a exponer sobre la recaudación de
fondos llevó a Sue Mosteller, la albacea literaria
de Henri, a plantearse la posibilidad de dar una
mayor difusión a dicha obra.

El manuscrito fue obsequiado a la incipiente
Henri Nouwen Society para su propio trabajo
en desarrollo financiero. En abril de 2003, se
pusieron en contacto conmigo para estudiar

la posibilidad de preparar el texto de Henri para su publicación. La llamada de la Nouwen Society tiene su origen en mi relación con Henri. Durante mis estudios de doctorado en la Universidad de Yale, trabajé cinco años con él como asistente docente, de investigación y de redacción. Él era mi mentor y amigo. Weavings (Entramados), la revista que edité durante veinticuatro años, sigue tratando de reflejar, dentro de su propio tiempo y lugar, la visión espiritual que Henri encarnó de manera tan maravillosa.

La libertad que Henri me concedía a menudo me permitía añadir material allí donde sus ideas invitaban a la expansión o sus transiciones requerían de un mayor desarrollo. Las obras de amor atraen a la comunidad, y este proyecto ha confirmado esa verdad. Nathan Ball y Sue Mosteller, del Nouwen Legacy Trust, han estado muy comprometidos en todos los aspectos del trabajo. A pesar de una agenda frenética, Sue incluso encontró tiempo para escribir el prólogo. Wendy Greer y Robert Durback aportaron con generosidad algunas sugerencias para los fragmentos de otros escritos de Henri que aparecen en los márgenes. Resa Pearson, Elaine

Go y Sue Smith de Pearson & Company crearon un diseño tan atractivo y cercano como la vida y la fe de Henri. Pamela Hawkins revisó el manuscrito con la atenta mirada de una editora, y Robin Pippin, de Upper Room Books, guio todo el proceso con sutil habilidad. Por último, me gustaría agradecerte a ti, lector, por hacer tuya la visión de Henri sobre la recaudación de fondos como ministerio y aplicarla de un modo que él no habría podido imaginar.

John S. Mogabgab, Upper Room Ministries

Empéñense en seguir el amor.

(1 Corintios 14:1)

La recaudación de fondos es un tema en el que rara vez pensamos desde una perspectiva espiritual. Podemos ver la recaudación de fondos como una actividad necesaria pero desagradable para apoyar los asuntos espirituales; o podemos pensar que la recaudación de fondos refleja una falta de planificación o de confianza en que Dios proveerá para todas nuestras necesidades. De hecho, la recaudación de fondos suele ser la respuesta a una crisis. Puede ocurrir que, de repente, nuestra organización o comunidad religiosa no tenga suficiente dinero, y entonces nos preguntamos:

¿Cómo vamos a conseguir el dinero que necesitamos?

Tendremos que comenzar a pedirlo.

En ese momento, somos conscientes de que no estamos acostumbrados a hacer esto. Podemos sentirnos incómodos y un poco avergonzados por ello. Empezamos a preocuparnos y a cuestionarnos:

¿Quién nos dará dinero?

¿Cómo lo pediremos?

La recaudación de fondos como ministerio

El ministerio es, ante todo, recibir la bendición de Dios de aquellos a los que ministramos. ¿En qué consiste esta bendición? Se trata de vislumbrar el rostro de Dios.

—Here and Now (Aquí y ahora)

LA RECAUDACIÓN DE FONDOS COMO MINISTERIO

Desde la perspectiva del Evangelio, la recaudación de fondos no es la respuesta a una crisis; sino que es, ante todo, una forma de ministerio. Es una manera de comunicar nuestra visión y de invitar a otras personas a participar en nuestra misión. La visión y la misión son tan importantes en la vida del pueblo de Dios que sin visión perecemos y sin misión nos extraviamos (Proverbios 29:18; 2 Reyes 21:1-9). En la visión convergen las necesidades y los recursos para satisfacer esas necesidades (Hechos 9:1-19). La visión también nos muestra nuevas instrucciones y oportunidades para nuestra misión (Hechos 16:9-10); nos da valor para hablar cuando desearíamos permanecer en silencio (Hechos 18:9).

Recaudar fondos es proclamar aquello en lo que creemos de tal manera que ofrezcamos a otras personas la oportunidad de participar con nosotros en nuestra visión y misión; es exactamente lo opuesto a mendigar. Cuando queremos recaudar fondos no decimos: «Por favor, ¿podrías ayudarnos? Últimamente hemos tenido problemas». Más bien decimos: «Tenemos una visión que es maravillosa y emocionante. Te invitamos a que inviertas los recursos que Dios te ha dado —tu energía, tus oraciones y tu dinero— en esta obra a la que Dios nos ha llamado». Nuestra invitación es clara y confiada porque estamos seguros de que nuestra visión y misión son como «el árbol plantado a la orilla de un río que, cuando llega su tiempo, da fruto y sus hojas jamás se marchitan» (Salmos 1:3).

La recaudación de fondos también es siempre un llamado a la conversión, y este llamado se dirige tanto a los que buscan fondos como a los que los tienen. Tanto si pedimos dinero como si lo damos, nos sentimos atraídos por Dios, que está a punto de hacer algo nuevo mediante nuestra colaboración (véase Isaías 43:19). Convertirse significa experimentar un profundo cambio en nuestra forma de ver, de pensar y de actuar; es estar en nuestro sano juicio, recapacitar como lo hizo el hijo menor cuando pasaba hambre lejos de su verdadero

> De hecho, vivir una vida espiritual requiere un cambio de actitud, una conversión. Esta conversión puede venir marcada por un cambio interior repentino, o puede tener lugar a través de un largo y silencioso proceso de transformación.
> —*Making All Things New*
> *(Hacer todas las cosas nuevas)*

hogar (Lucas 15:14-20); es cambiar nuestra atención para centrarnos en los asuntos de Dios (Mateo 16:23). «No se amolden al mundo actual, sino sean transformados mediante la renovación de su mente. Así podrán comprobar cuál es la voluntad de Dios, buena, agradable y perfecta» (Romanos 12:2). La recaudación de fondos como ministerio implica una conversión real.

En materia de recaudación de fondos, las personas que trabajan en el mercado suelen ser más sabias que las que trabajan en la iglesia. Los que se dedican a los grandes negocios saben que nunca se consigue mucho dinero si uno mendiga por él. Recuerdo una visita a un exitoso recaudador de fondos en Texas (EE. UU.) cuya oficina estaba repleta de objetos hermosos. Le pregunté: «¿Cómo te atreves a pedir dinero teniendo esta oficina?». Su respuesta fue: «Mi oficina es parte de mi forma de dirigirme a la gente. Sirve para comunicar la idea de que sé cómo manejar el dinero, cómo hacerlo crecer. De esta forma, las personas que conozco se sienten seguras de que su inversión será bien empleada».

Este enfoque no es para todo el mundo, y estar rodeado de objetos bonitos no es una motivación adecuada para la recaudación de fondos como ministerio. En este caso, lo importante es que, desde una perspectiva espiritual, este hombre estaba diciendo: «Pido dinero con la cabeza alta, no me avergüenzo, porque creo en lo que hago, creo que tengo algo importante que ofrecer». Él invitaba a las personas a formar parte de su visión pero sin disculparse.

En la recaudación de fondos como ministerio, invitamos a la gente a una nueva forma de relacionarse con sus recursos. Nuestra intención es que, al ofrecerles una visión espiritual, ellos vean que dejar sus recursos en nuestras manos los beneficiará. Estamos convencidos de que si su regalo solo nos sirve a quienes lo recibimos, no se trata de una recaudación de fondos en el sentido espiritual. Desde el punto de vista del evangelio, la recaudación de fondos dice a la gente: «Tomaré tu dinero y lo invertiré en esta visión solo si beneficia a tu viaje espiritual, si es bueno para tu salud espiritual». Es decir, los llamamos a una experiencia de conversión: «Al dar, no te harás más pobre, te enriquecerás». Podemos afirmar con confianza las palabras del apóstol Pablo:

> La persona convertida ve, oye y comprende con un ojo divino, un oído divino y un corazón divino.
> —*¡Gracias!*

«Ustedes serán enriquecidos en todo sentido para que en toda ocasión puedan ser generosos» (2 Corintios 9:11).

Si falta este enfoque de confianza y esta invitación, estaremos desvinculados de nuestra visión y habremos perdido el sentido de nuestra misión. También nos alejaremos de nuestros donantes, porque nos encontraremos mendigando dinero y ellos se limitarán a entregarnos un cheque. No habremos establecido una conexión real porque no les hemos pedido que vengan a estar con nosotros, no les hemos dado la oportunidad de participar en el espíritu de lo que hacemos. Puede que hayamos llevado a cabo una transacción con éxito, pero no hemos iniciado una relación satisfactoria.

Aquí vemos que si la recaudación de fondos como ministerio invita a los que tienen dinero a una nueva relación con su riqueza, también nos llama a convertirnos en lo que respecta a nuestras necesidades. Si al volver de pedir dinero a alguien nos sentimos agotados y de alguna manera manchados por una actividad poco espiritual, hay algo que no funciona. No caigamos en el error de

> Dios hará que nuestro amor sea fructífero, tanto si vemos sus frutos como si no.
> —*Pan para el viaje*

pensar que la recaudación de fondos es solo una actividad secular. Como una forma de ministerio, la recaudación de fondos es un acto tan espiritual como pronunciar un sermón, dedicar un tiempo a la oración, visitar a los enfermos o dar de comer a los hambrientos. Así que la recaudación de fondos tiene que ayudarnos también con nuestra conversión. ¿Estamos dispuestos a superar nuestro miedo a pedir, nuestra ansiedad ante el rechazo o el sentimiento de humillación o nuestra depresión cuando alguien dice: «No, no voy a participar en tu proyecto»? La recaudación de fondos solo será positiva para nuestra vida espiritual cuando hayamos alcanzado la libertad de pedir sin miedo y de amar esta práctica como una forma de ministerio.

Cuando los que tienen dinero y los que lo necesitan comparten una misión, vemos un indicio esencial de la nueva vida en el Espíritu de Cristo. Estamos unidos en nuestra labor porque Jesús nos ha reunido, y nuestra eficacia depende de que nos mantengamos unidos a él. Jesús nos dice: El que permanece en mí, como yo en él, dará mucho fruto; separados de mí no pueden ustedes hacer nada» (Juan 15:5). Con él, podemos hacer cualquier cosa porque sabemos que Dios nos envuelve con una abundancia de bendiciones. Por eso, los que necesitan dinero y los que pueden darlo se encuentran en el terreno común del amor de Dios. «Dios puede hacer que toda gracia abunde para ustedes, de manera que siempre, en toda circunstancia, tengan todo lo necesario, y toda buena obra abunde en ustedes» (2 Corintios 9:8). Cuando esto sucede, podemos decir con Pablo: «¡Lo viejo ha pasado, ha llegado ya lo nuevo!» (2 Corintios 5:17). Donde hay una nueva creación en Cristo, allí se manifiesta el reino de Dios al mundo.

Ayudar a que el reino se haga realidad

Por consiguiente, dedicar nuestro corazón al reino supone hacer que la vida del Espíritu en nosotros y entre nosotros sea el centro de todo lo que pensamos, decimos o hacemos.

—*Making All Things New*
(Hacer todas las cosas nuevas)

AYUDAR A QUE EL REINO SE HAGA REALIDAD

La recaudación de fondos es una manera muy concreta de ayudar a que el reino de Dios se haga realidad. ¿Qué es el reino? Jesús es claro al decir que a los que hacen del reino su primera prioridad, «todas estas cosas les serán añadidas» (Mateo 6:33). El reino es donde Dios provee para todo lo que necesitamos. Es el ámbito de la abundancia, donde la ansiedad por tener lo suficiente ya no nos arrastra de aquí para allá. «Por lo tanto, no se angustien por el mañana, el cual tendrá sus propios afanes» (Mateo 6:34). Jesús también compara el reino con una semilla de mostaza que «cuando se siembra en la tierra, es la semilla más pequeña que hay, pero una vez sembrada crece hasta convertirse en la más grande de las hortalizas, y echa ramas tan grandes que las aves pueden anidar bajo su sombra» (Marcos 4:31-32). Incluso un acto de generosidad aparentemente pequeño puede convertirse en algo mucho más grande de lo que podemos pedir o imaginar (véase Efesios 3:20): la creación de una comunidad de amor en este mundo, y más allá de este mundo, porque el amor, allí donde crece, es más fuerte que la muerte (1 Corintios 13:8). Por eso, cuando nos entregamos a plantar y alimentar el amor aquí en la tierra, nuestros esfuerzos se extenderán más allá de nuestra propia existencia cronológica.

De hecho, si recaudamos fondos para la creación de una comunidad de amor, ayudamos a Dios a construir el reino. Hacemos exactamente lo que se supone que debemos hacer como cristianos. Pablo lo dice muy claramente: «Empéñense en seguir el amor» (1 Corintios 14:1).

La base
de nuestra
seguridad

La persona convertida se conoce a sí
misma y a todo el mundo en Dios.

—*¡Gracias!*

LA BASE DE NUESTRA SEGURIDAD

Quienes pedimos dinero tenemos que analizarnos bien a nosotros mismos. La cuestión no es cómo obtener dinero. Más bien, se refiere a nuestra relación con el dinero. Nunca podremos pedir dinero si no conocemos nuestra relación con el dinero.

¿Qué lugar ocupa el dinero en nuestras vidas? La importancia del dinero está tan vinculada a las relaciones que parece casi imposible pensar en él sin pensar también en cómo la vida familiar ha influido en nuestra relación con el dinero.

¿Cuántos de nosotros sabemos cuánto dinero gana o tiene nuestro padre o nuestra madre en este momento? ¿Solemos hablar con ellos de su dinero? ¿El dinero es alguna vez el tema de conversación durante las comidas? Por lo general, ¿las conversaciones familiares sobre el dinero nos causan angustia, enojo, nos dan esperanza, satisfacción? Cuando éramos niños, ¿hablaban nuestros padres de dinero con nosotros? ¿Lo hacen ahora? ¿Nos enseñaron habilidades para manejar el dinero? Y en nuestro caso, ¿hablamos de nuestros asuntos financieros con nuestros hijos? ¿Nos encontramos cómodos contándoles cómo lo ganamos y cómo lo utilizamos?

El dinero es una realidad central de las relaciones familiares. También lo es de nuestras relaciones con las personas, las instituciones y las causas externas a la vida familiar, por lo que también debemos pensar en este aspecto de nuestra vida financiera.

¿Cómo gastamos el dinero que tenemos? ¿Tendemos a ahorrarlo para estar preparados para las emergencias, o lo gastamos porque podríamos no tenerlo más adelante? ¿Nos gusta dar nuestro dinero a amigos, organizaciones benéficas, iglesias, partidos políticos, instituciones educativas? De hecho, ¿a qué destinamos nuestro dinero? ¿Nos preocupa que nuestra donación sea deducible de impuestos? ¿Alguna vez se nos ocurre esa pregunta?

¿Cómo nos sentiríamos si la gente utilizara el dinero que les hemos dado para fines que no fuesen aquellos para los que lo dimos? Imagina que le das mil dólares a alguien creyendo que el dinero se utilizará para ayudar a los niños necesitados, y luego descubres que esa persona utilizó la donación para irse de viaje al Caribe. ¿Te enojarías? En una ocasión, el presidente de un seminario me dijo: «Si no quieres que te engañen, jamás des dinero».

Así como el dinero afecta a nuestras relaciones con los miembros de la familia y con el mundo más allá de nuestro hogar, también influye en nuestra vida interior. Resulta interesante que la expresión «valor personal» se refiera tanto a la magnitud de nuestros activos financieros como a nuestra valía como ser humano. Una vez más, ciertas preguntas pueden ayudarnos a explorar este aspecto de nuestra relación con el dinero.

¿En qué medida el hecho de tener o no tener dinero afecta a nuestra autoestima, a nuestro sentido del valor? ¿Nos sentimos bien con nosotros mismos cuando tenemos mucho dinero? Si no tenemos mucho dinero, ¿nos sentimos mal con nosotros mismos? ¿Un ingreso bajo o incluso modesto puede ser motivo de vergüenza? ¿O pensamos que el dinero no importa en absoluto?

El dinero y el poder están relacionados. También existe una relación real entre el poder y el sentido de la autoestima. ¿Alguna vez utilizamos el dinero para controlar a las personas o a los acontecimientos? En otras palabras, ¿utilizamos nuestro dinero para conseguir que las cosas sucedan como queremos? ¿Alguna vez utilizamos el dinero simplemente para dar a los demás la libertad de hacer lo que quieren? ¿Cómo nos sentimos cuando la gente nos pide dinero?

Si alguna de estas preguntas nos incomoda, puede ser porque hablar de dinero es uno de los mayores tabúes que existen. Las conversaciones sobre dinero son un tabú mayor que las conversaciones sobre sexo o religión. Algunos dicen: «No hables de religión, eso es un asunto privado»; otros pueden decir: «No hables de sexo, eso se deja para el dormitorio»; pero para muchas personas, hablar de dinero es aún más difícil. Y esto se nota inmediatamente cuando hay que hacer alguna recaudación de fondos. Por lo general, no nos parece que pedir dinero «de manera directa» sea algo fácil de hacer.

La razón de este tabú es que el dinero tiene algo que ver con ese lugar íntimo de nuestro corazón en el que necesitamos seguridad, y no nos interesa revelar nuestra necesidad ni ceder nuestra seguridad a alguien que, acaso de forma accidental, podría traicionarnos. Muchas voces a nuestro alrededor y dentro

> El Espíritu de amor dice: «No temas desprenderte de tu necesidad de controlar tu propia vida».
> —*Here and Now (Aquí y ahora)*

de nosotros nos advierten del peligro de la dependencia. Nos aterra la idea de depender de los demás porque la dependencia es una amenaza para nuestra seguridad. En una ocasión, un amigo me contó que su padre solía decirle: «Hijo, procura no depender de nadie; asegúrate de no tener que mendigar por lo que necesitas; trata de tener suficiente dinero para tener tu propia casa, tus propias cosas y gente dispuesta a ayudarte; mientras tengas algo de dinero en el banco, no te ocurrirá nada malo».

La presión que existe en nuestra cultura por asegurar nuestro propio futuro y controlar nuestra vida al máximo no tiene ninguna base bíblica. Jesús conoce nuestra necesidad de seguridad. A él le preocupa que, al ser la seguridad una necesidad tan importante para el ser humano, nos equivoquemos al depositar nuestra confianza en cosas o personas que no pueden ofrecernos una seguridad real. «No acumulen para sí tesoros en la tierra, donde la polilla y el óxido destruyen, y donde los ladrones se meten a robar. Más bien, acumulen para sí tesoros en el cielo, donde ni la polilla ni el óxido carcomen, ni los ladrones se meten a robar. Porque donde esté tu tesoro, allí estará también tu corazón» (Mateo 6:19-21). No podemos sentirnos seguros si nuestro corazón está dividido. Por ello, Jesús dice algo muy radical: «Ningún sirviente puede servir a dos patrones. Menospreciará a uno y amará al otro, o querrá mucho a uno y despreciará al otro. Ustedes no pueden servir a la vez a Dios y a las riquezas» (Lucas 16:13).

¿Cuál es la base de nuestra seguridad? ¿Dios o las riquezas? Eso es lo que Jesús te preguntaría. Él afirma que no podemos depositar nuestra seguridad en Dios y también en el dinero, tenemos que elegir. Jesús aconseja: «Deposita tu seguridad en Dios». Debemos decidir si queremos pertenecerle al mundo o a Dios. Jesús nos enseña que nuestra confianza, la confianza más elemental, tiene que estar en Dios. En tanto nuestra verdadera confianza esté en el dinero, no podremos ser auténticos miembros del reino. El objetivo de todas las preguntas que he formulado no es otro que ayudarnos a considerar si, tal vez,

> Una vida auténticamente espiritual es aquella en la que no descansamos hasta haber encontrado el descanso en el abrazo de Aquel que es el Padre y la Madre de todos los deseos.
> —*Here and Now*
> *(Aquí y ahora)*

seguimos depositando nuestra seguridad en el dinero. «El que confía en sus riquezas se marchita, pero el justo se renueva como el follaje» (Proverbios 11:28). ¿Cuál es la auténtica base de nuestra seguridad?

Las personas que son ricas

Se te ha enviado a este mundo para que creas que eres un elegido de Dios y luego para que ayudes a tus hermanos y hermanas a saber que ellos también son hijos e hijas amados de Dios y que pertenecemos a una misma familia.

–Finding My Way Home
(Camino a casa)

LAS PERSONAS QUE SON RICAS

La Biblia no admite dudas sobre la preocupación de Dios por los pobres. «Gente pobre en esta tierra, siempre la habrá; por eso te ordeno que seas generoso [...] con los pobres y necesitados de tu tierra» (Deuteronomio 15:11; véase Isaías 58:6-12). Desde sus inicios, la Iglesia ha reconocido el lugar privilegiado que ocupan los pobres ante los ojos de Dios. «Escuchen, mis queridos hermanos: ¿No ha escogido Dios a los que son pobres según el mundo para que sean ricos en la fe y hereden el reino que prometió a quienes lo aman?» (Santiago 2:5). En efecto, los pobres y los que sufren nos recuerdan que el Hijo de Dios se hizo pobre por nosotros (2 Corintios 8:9). Dios ama a los pobres, y también lo hacen aquellos que siguen a Cristo. Al amar y servir a los pobres, tenemos la maravillosa oportunidad de amar y servir a Jesús. Jesús dice a sus discípulos: «Les aseguro que todo lo que hicieron por uno de mis hermanos, aun por el más pequeño, lo hicieron por mí» (Mateo 25:40).

Pero a veces nuestra preocupación por los pobres puede acarrear un prejuicio hacia los ricos. Podemos pensar que no son tan buenos como los pobres. Recuerdo que, en una escuela teológica, escuché a un profesor decir lo siguiente sobre una iglesia grande y rica: «Esta no puede ser una iglesia auténtica». Quizá pensemos que los ricos tienen más dinero del que merecen, o que obtuvieron su riqueza a expensas de los pobres. Tal vez nos cuesta amar a los ricos tanto como a los pobres. Pero nadie dice que debemos amar a los ricos menos de lo que amamos a los pobres. Sin duda, los pobres están en el corazón de Dios. Debemos recordar que los ricos también están allí. A lo largo de los años, he conocido a algunas personas ricas. Y cada vez más, mi experiencia me dice que los ricos también son pobres, pero de otra manera.

Muchas personas ricas están muy solas, muchos luchan con la sensación de ser utilizados y otros sufren sentimientos de rechazo o depresión. Quizá resulte extraño decirlo, pero los ricos necesitan mucha atención y cariño. Es muy importante admitir esto, pues con frecuencia he estado en contacto con personas ricas que se hallan totalmente prisioneras de la idea de que «lo único que la gente ve en mí es el dinero. Dondequiera que vaya, soy la tía rica o la amiga rica o la persona rica, así que me quedo en mi

Las raíces de la soledad son muy profundas y no se puede llegar a ellas mediante la publicidad optimista, las imágenes de amor sustitutivo o la convivencia social. Se alimentan de la sospecha de que no existe nadie que se preocupe y ofrezca amor sin condiciones, ni un lugar donde podamos ser vulnerables sin ser utilizados.

—*Reaching Out (Abriéndonos)*

pequeño círculo, porque en cuanto salgo de él, la gente dice: "¡Esa persona es rica!"».

Una vez vino a verme una mujer. Ella tenía mucho dinero y estaba muy deprimida. Había ido de un psiquiatra a otro y les había pagado enormes honorarios con escasos resultados. Me dijo: «Sabes, Henri, todo el mundo va tras mi dinero. Nací en una familia acomodada y soy rica. Eso forma parte de lo que soy, pero eso no es todo lo que hay. Siento mucho miedo de que me amen solo por mi dinero y no por lo que realmente soy».

Hace algunos años, una persona que había leído varios de mis libros llamó a mi asistente en la universidad donde yo impartía clases y le dijo: «Estoy leyendo los libros de Henri Nouwen y me pregunto si necesita dinero. Me gustaría que escribiera más, pero sé que hoy en día resulta costoso escribir libros». Yo iba a estar de viaje por cuatro meses, así que mi asistente me llamó y me dijo: «Aquí hay un financiero que quiere ayudarte con dinero». Yo no sabía qué hacer, por lo que respondí: «Pues ve a cenar con él». Así pues, salieron a cenar y continuaron haciéndolo semanalmente. Hablaban de todo tipo de cosas y, cuando regresé a la universidad, los dos se habían hecho buenos amigos.

En una ocasión, acompañé a mi asistente a cenar con el financiero, y este me dijo: «Henri, yo sé que no sabes nada acerca del dinero». Le pregunté: «¿Cómo lo sabes?», y el me respondió: «Porque sé que los escritores no saben nada de dinero». En realidad, lo que él me quería decir era: «Me gustaría hablar contigo de lo que escribes a un nivel más personal que el que me ofrece la lectura de tus libros. Creo que la única manera de desarrollar una relación personal contigo es a través de mi punto fuerte, que es ser financiero». En definitiva, este hombre me estaba diciendo: «Creo que tú tienes algo que yo necesito y realmente me gustaría conocerte». Mi respuesta fue: «No hablemos de dinero ahora. Hablemos de ti».

Con el tiempo, nos hicimos muy amigos. Todos los años me daba unos cuantos miles de dólares. Yo empleaba bien el dinero y le contaba lo que había hecho con su regalo. Pero el dinero

no era la parte más importante de nuestra
relación, lo más importante fue que él pudo
compartir quién era y yo pude
hacer lo mismo en un ambiente
de respeto y confianza mutuos.

Así como el Padre
entrega su propio ser
a sus hijos, así debo
yo entregarme a mis
hermanos y hermanas.
—The Return of the
Prodigal Son (El regreso
del hijo pródigo)

Cuando mi amigo falleció, su
familia me dijo: «Nos gustaría
seguir apoyándote por el amor
que le tenías a nuestro marido
y padre. Queremos que siempre
sientas que hay gente que te
apoyará porque te queremos,
como te quería él».

Gracias a la pobreza del hombre rico se
desarrolló algo muy propio del reino. El dinero
era real, pero no era la parte más importante de
nuestra relación. Todos teníamos recursos: los
míos eran espirituales y los suyos materiales. Lo
más importante era que todos queríamos trabajar
para el reino, construir una comunidad de amor,
dejar que ocurriera algo que fuera mayor que
nosotros mismos.

Mi amigo financiero me ayudó a ver que
debemos ministrar a los ricos desde nuestro
propio ámbito de riqueza: la riqueza espiritual
que hemos heredado como hermanos y hermanas

de Jesucristo. En él, «están escondidos todos los tesoros de la sabiduría y del conocimiento» (Colosenses 2:3). Debemos tener el valor de dirigirnos a los ricos y decirles: «Te amo, y no es por tu dinero, sino por ser quien eres». Debemos reivindicar la confianza de dirigirnos a una persona rica sabiendo que es tan pobre y está tan necesitada de amor como nosotros. ¿Podemos encontrar a un pobre en esta persona? Esto es muy importante, porque es precisamente en la pobreza de esta persona donde encontramos su bendición. Jesús afirmó: «Dichosos ustedes los pobres» (Lucas 6:20). Los ricos también son pobres. Por eso, si pedimos dinero a las personas que lo tienen, tenemos que amarlas profundamente. No tenemos que preocuparnos por el dinero. Más bien, debemos preocuparnos de que, a través de la invitación que les ofrecemos y la relación que desarrollamos con ellos, se acerquen a Dios.

Pedir

Llévate todos los temores, sospechas
y dudas con los que te impido ser
mi Señor, y dame el valor y la
libertad de presentarme desnudo y
vulnerable a la luz de tu presencia,
confiado en tu infinita misericordia.

—*A Cry for Mercy*
(Un grito en busca de misericordia)

PEDIR

Cuando nuestra seguridad reside totalmente en Dios, somos libres para pedir dinero. Solo cuando no dependemos del dinero, podemos pedírselo libremente a otras personas. Esta es la conversión a la que nos llama la recaudación de fondos como ministerio. Ya hemos visto que muchas personas tienen dificultades para pedir dinero porque el dinero es un tema tabú. Y lo es porque nuestras propias inseguridades están relacionadas con él, y por lo tanto, no somos libres. Tampoco somos libres si sentimos envidia de los ricos y de su dinero. No somos libres si sentimos rabia hacia los que tienen dinero y pensamos: «No estoy muy seguro de que hayan ganado todo ese dinero de forma honesta». Que los ricos nos provoquen envidia o rabia es una prueba de que, en cierta forma, el dinero sigue siendo nuestro dueño y, por lo tanto, no estamos preparados para pedirlo.

Me preocupa enormemente que pidamos dinero por rabia o por envidia, sobre todo cuando estos sentimientos se disimulan muy bien tras unas palabras educadas y una presentación cuidadosa de nuestra petición de fondos. Por muy educado que sea nuestro enfoque, si nuestra petición proviene de la ira o la envidia, no le damos a la persona los medios para convertirse en un hermano o hermana. Por el contrario, ponemos a la persona en una posición defensiva porque se da cuenta de que existe una especie de competencia. La oferta de participar en nuestra visión y misión ya no es por el reino. Ya no habla en nombre de Dios, que es el único que garantiza nuestra seguridad.

> Cuando disfrutemos realmente de la generosidad ilimitada de Dios, estaremos agradecidos por lo que reciben nuestros hermanos y hermanas. Sencillamente, no habrá lugar para la envidia en nuestros corazones.
>
> —*Pan para el viaje*

Solo cuando nos comprometamos en oración a depositar toda nuestra confianza en Dios y tengamos la certeza de que lo único que nos importa es el reino, solo cuando hayamos aprendido a amar a los ricos por quienes son y no por lo que tienen, y solo cuando creamos que tenemos algo de gran valor que ofrecerles, entonces no nos costará nada pedirles una gran suma de dinero. Podemos pedir lo que necesitemos con la confianza de que lo obtendremos. Eso es lo que dice el evangelio: «Pidan, y se les dará; busquen, y encontrarán; llamen, y se les abrirá» (Mateo 7:7).

Si por cualquier motivo una persona dice: «No», podemos responder con gratitud. Podemos estar seguros de que el Espíritu de Cristo que nos guía también está guiando a esa persona. Quizá sus recursos financieros son más necesarios en otro lugar. Puede que aún no esté preparada para comprometerse de verdad. A lo mejor tenemos que escuchar más profundamente al Espíritu para que nuestra petición sea más clara y nuestra visión más atractiva. Teniendo en cuenta que nos dirigimos a los posibles donantes en el Espíritu de Cristo, cuando les pedimos dinero, podemos hacerlo con una actitud y en un ambiente de confiada libertad. «Cristo nos liberó para que vivamos en libertad» (Gálatas 5:1).

Pedir dinero a la gente es darle la oportunidad de poner sus recursos a disposición del reino. La recaudación de fondos consiste en ofrecer a las personas la posibilidad de invertir lo que tienen en la obra de Dios. Que tengan mucho o poco no es tan importante como el poder poner su dinero a disposición de Dios. Cuando Jesús alimentó a cinco mil personas con solo cinco panes y dos peces, nos mostró cómo el amor de Dios puede multiplicar los efectos de nuestra generosidad (véase Mateo 14:13-21). El reino de Dios es el

lugar de abundancia donde cada acto generoso
desborda sus límites originales y se convierte en
parte de la gracia ilimitada de Dios que actúa en
el mundo (véase 2 Corintios 9:10-15).

Una nueva comunión

Una comunidad es el fruto de
nuestra capacidad para hacer que
los intereses de los demás sean más
importantes que los nuestros.

—*Pan para el viaje*

UNA NUEVA COMUNIÓN

Cuando pedimos dinero a la gente para fortalecer o ampliar la obra del reino, también los estamos invitando a una nueva comunión espiritual. Esto es muy importante. En la carta de Pablo a los Romanos leemos: «Sabemos que toda la creación todavía gime a una, como si tuviera dolores de parto. Y no solo ella, sino también nosotros mismos, que tenemos las primicias del Espíritu, gemimos interiormente, mientras aguardamos nuestra adopción como hijos, es decir, la redención de nuestro cuerpo» (Romanos 8:22-23). Este gemido surge desde nuestro interior y también del interior de toda la creación, es el sonido de nuestro anhelo de comunión con Dios y con otros, una comunión que trasciende las limitaciones de tiempo y espacio.

Este gemido también expresa el anhelo apasionado de Dios por la comunión con nosotros y con todo lo que él ha creado. Dios

> El verdadero peligro al que nos enfrentamos es a no confiar en nuestro deseo de comunión. Es un deseo dado por Dios sin el cual nuestras vidas pierden su vitalidad y nuestros corazones se enfrían.
>
> —*Here and Now* *(Aquí y ahora)*

desea que la creación misma sea «liberada de la corrupción que la esclaviza, para así alcanzar la gloriosa libertad de los hijos de Dios» (Romanos 8:21). Esta es la libertad de la verdadera comunión espiritual. Pedir dinero es una manera de invitar a la gente a esta comunión con nosotros. Es decirles: «Queremos que nos conozcas». Al estar reunidos por nuestro anhelo en común, empezamos a conocer esta comunión mientras avanzamos juntos hacia nuestra visión.

> Necesitamos amigos.
> Los amigos nos guían,
> nos cuidan, nos
> confrontan con amor,
> nos consuelan en los
> momentos de dolor.
> —*Pan para el viaje*

¿Cómo se manifiesta concretamente la comunión espiritual? La recaudación de fondos como ministerio que llama a las personas a la comunión con Dios y con los demás debe ofrecer la posibilidad real de amistad y comunidad. La gente tiene tal necesidad de amistad y de comunidad que la recaudación de fondos tiene que servir para crear comunidad. Me pregunto cuántas iglesias y organizaciones benéficas son conscientes de que la comunidad es uno de los mayores regalos que pueden ofrecer. Pedir dinero quiere decir que podemos ofrecer una nueva comunión, una nueva hermandad, una nueva forma de pertenencia. Tenemos algo que ofrecer —amistad, oración, paz, amor, fidelidad, afecto, ministerio a los necesitados— y todo ello es tan valioso que la gente está dispuesta a ofrecer sus recursos para apoyarlo. La recaudación de fondos debe tener siempre como objetivo la creación de relaciones nuevas y duraderas. Sé de personas cuyas vidas se centran en la amistad que encuentran en iglesias, monasterios, organizaciones de servicio y comunidades cristianas intencionales. Estas personas realizan visitas o se ofrecen como voluntarias, y es en estos entornos donde encuentran cariño y apoyo. Si tienen dinero, lo darán; pero esa no es la cuestión. Cuando se compara con la nueva libertad y los nuevos amigos en una nueva comunión, el dinero es lo que menos importa.

> La comunidad es, ante todo, una cualidad del corazón. Esta crece a partir del conocimiento espiritual de que no estamos vivos para nosotros mismos, sino para los demás.
>
> —*Pan para el viaje*

La comunión espiritual también se manifiesta en una nueva fructificación. Aquí se hace evidente la naturaleza radical de la recaudación de fondos como ministerio. En el mundo, aquellos que recaudan fondos deben mostrar a los posibles donantes un plan estratégico que los convenza de que su dinero contribuirá a aumentar la productividad y el éxito de la organización. En la nueva comunión, la productividad y el éxito también pueden crecer como resultado de la recaudación de fondos. Pero estos no son más que subproductos de una energía creativa más profunda: la energía del amor plantada y alimentada en la vida de las personas en nuestra relación con Jesús y a través de ella. Con el entorno adecuado y un cuidado paciente, estas semillas pueden dar una gran cosecha que rinda «el treinta, el sesenta y hasta el ciento por uno» (Marcos 4:20). Siempre que nos dirijamos a la gente para pedirle dinero, debemos tener la certeza de que los estamos invitando a esta visión de la fructificación y a una visión que es fructífera. Queremos que se unan a nosotros para que juntos empecemos a ver lo que Dios quiere decir cuando ordena: «Sean fructíferos» (Génesis 1:28).

Por último, me gustaría volver a la relación entre el dinero y quienes lo buscamos a través de la recaudación de fondos. Del mismo modo que la obra de construcción de la comunidad de amor nos exige una conversión en nuestra actitud hacia el dinero, así también esta misma actividad nos invita a cada uno de nosotros a una mayor fidelidad a nuestro llamado personal, nuestra vocación única. Nuestro propio llamado debe profundizarse y fortalecerse como resultado de nuestra labor en la recaudación de fondos. En ocasiones, esto nos sitúa en el centro de la lucha con nuestra vocación. En el transcurso de mi propio trabajo en la recaudación de fondos, la gente me ha dicho: «Te daré dinero si aceptas el reto de ser mejor pastor, si dejas de estar tan ocupado y eres más fiel a tu vocación. Corres de un lado para otro y hablas mucho, pero no escribes lo suficiente. Sé que te resulta difícil cerrar la puerta y sentarte en el escritorio sin hablar con nadie, pero espero que mi contribución te sirva de apoyo para escribir». Esto forma parte de la fructificación de la comunidad de amor. Al invitarnos a un compromiso más profundo con nuestro ministerio particular, la recaudación de fondos ayuda a hacer visible el reino que ya está entre nosotros.

Oración
y gratitud

El Espíritu nos revela que no
pertenecemos a un mundo de éxitos,
fama o poder, sino a Dios.

—Pan para el viaje

ORACIÓN Y GRATITUD

¿De qué manera podemos convertirnos en personas cuya fuente de seguridad es Dios y solo Dios? ¿Cómo podemos sentirnos confiados ante ricos y pobres por igual en el terreno común del amor de Dios? ¿Cómo podemos pedir dinero sin suplicar, e invitar a la gente a una nueva comunión sin obligarlos? ¿De qué manera podemos expresar la alegría, la vitalidad y la promesa de nuestra misión y visión, no solo en nuestra forma de hablar, sino también en nuestra forma de ser con los demás? En resumen, ¿cómo podemos pasar de percibir la recaudación de fondos como una actividad desagradable pero inevitable a reconocerla como una expresión vivificante y llena de esperanza de nuestro ministerio?

La oración es la disciplina espiritual mediante la cual nuestra mente y nuestro corazón pasan de la hostilidad o la sospecha a la hospitalidad hacia las personas que tienen dinero. La gratitud es la señal de que este cambio se extiende a todos los aspectos de nuestra vida. De principio a fin, la recaudación de fondos como ministerio se basa en la oración y se lleva a cabo con gratitud.

La oración es el comienzo vital de la recaudación de fondos porque, en la oración, experimentamos de a poco la reorientación de todos los pensamientos y sentimientos que tenemos sobre nosotros mismos y sobre los demás. Orar es desear conocer más plenamente la verdad que nos hace libres (véase Juan 8:32) La oración desvela los motivos ocultos y las heridas no reconocidas que conforman nuestras relaciones, nos permite vernos a nosotros mismos y a los demás tal y como Dios nos ve y es vital porque descubre las raíces más profundas de nuestra identidad en Dios. En la oración, buscamos

que su palabra atra
nuestra resistencia
lo que Dios quiere
quiere que sepamo
actuar o conseguir
o poco dinero, la v
nuestra identidad humana es esta: «Tú eres mi hijo amado; tú eres mi hija amada. Estoy muy complacido contigo» (véase Lucas 3:22). Cuando podemos afirmar que esta verdad es cierta para nosotros, también vemos que es cierta para todos los demás. Dios está muy complacido con

nosotros, y por eso somos libres de dirigirnos a todas las personas, ricas o pobres, en la libertad del amor de Dios. Que la gente responda a nuestro llamamiento a la recaudación de fondos con un «Sí», un «No» o un «Tal vez» es menos importante que el hecho de saber que todos estamos reunidos como un solo ser en la tierra santa de la generosa disposición de Dios hacia nosotros. Por lo tanto, en la oración aprendemos a confiar en que, a través nuestro, Dios puede obrar de manera fructífera, sin importar dónde estemos o con quién estemos.

A medida que nuestra oración avanza hacia una conciencia permanente de la bondad de Dios, el espíritu de gratitud crece en nosotros. La gratitud surge del reconocimiento de que lo que somos y lo que tenemos son regalos que debemos recibir y compartir. Esta nos libera de las ataduras de la obligación y nos prepara para ofrecernos libre y plenamente a la obra del reino. Cuando nos acercamos a la recaudación de fondos con un espíritu de gratitud, lo hacemos sabiendo que Dios ya nos ha dado lo que más necesitamos para la vida en abundancia. Por lo tanto, la confianza que tenemos en nuestra misión y visión, y nuestra libertad para amar a la persona a la que le estamos hablando de donar dinero no dependen de cómo responda esa persona. De este modo, la gratitud nos permite acercarnos a una reunión de recaudación de fondos sin aferrarnos a la necesidad y salir de ella sin resentimiento ni desánimo. A la ida y a la vuelta, podemos permanecer seguros en el amor de Dios con el corazón puesto alegremente en el reino.

Cuanto más sentimos
el amor íntimo de Dios
que nos crea, sostiene y
guía, más reconocemos
la multitud de frutos que
surgen de ese amor.

—*Lifesigns (Signos de vida)*

Venga tu reino

El misterio del ministerio es que hemos sido elegidos para hacer que nuestro limitado y muy condicionado amor sea la puerta de entrada al ilimitado e incondicional amor de Dios. Por eso, el verdadero ministerio debe ser mutuo.

—In the Name of Jesus
(En el nombre de Jesús)

VENGA TU REINO

La recaudación de fondos es una actividad muy enriquecedora y hermosa. Es una manifestación confiada, alegre y llena de esperanza del ministerio. Al ministrarnos unos a otros, cada uno desde las riquezas que posee, trabajamos juntos por la plena instauración del reino de Dios.

El amor jamás se extingue.

(1 Corintios 13:8)

OBRAS CITADAS DE
HENRI J. M. NOUWEN

A Cry for Mercy (Un grito en busca de misericordia) 1981.

Finding My Way Home (Camino a casa) 2001.

¡Gracias! (Texto en inglés) 1983.

Here and Now (Aquí y ahora) 1994.

In the Name of Jesus (En el nombre de Jesús) 1989.

Lifesigns (Signos de vida) 1986.

Making All Things New (Hacer todas las cosas nuevas) 1981.

Pan para el viaje, 2001.

Reaching Out (Abriéndonos) 1975.

The Return of the Prodigal Son (El regreso del hijo pródigo) 1992.

ACERCA DE HENRI J. M. NOUWEN

Henri Nouwen, autor de renombre internacional, profesor respetado y pastor querido, escribió más de cuarenta libros sobre la vida espiritual que han inspirado y reconfortado a un sinfín de personas en todo el mundo. Desde su muerte ocurrida en 1996, cada vez son más los lectores, escritores e investigadores que estudian su legado literario. Sus obras se han traducido y publicado en más de veintidós idiomas.

Henri nació en Nijkerk (Holanda) el 24 de enero de 1932, y fue ordenado sacerdote en 1957. Animado por su deseo de comprender mejor el sufrimiento humano, se trasladó a Estados Unidos en 1964 para estudiar en el Programa de Religión y Psiquiatría de la Clínica Menninger. A continuación, enseñó en la Universidad de Notre Dame, en el Instituto Pastoral de Ámsterdam y en las Escuelas de Divinidad de Yale y Harvard, donde sus clases figuraban entre las más populares del campus.

Su gran aceptación como profesor y escritor tenía mucho que ver con su pasión por integrar todos los aspectos de su vida dentro de una espiritualidad vivida. Nouwen creía firmemente que la búsqueda de esa integración era una necesidad urgente en nuestra cultura. Sus escritos, a menudo autobiográficos, permitían a los lectores conocer las alegrías y las luchas de su propia búsqueda espiritual. El carácter universal de la visión espiritual de Nouwen traspasó muchas fronteras e inspiró a una amplia variedad de personas: banqueros de Wall Street, políticos y profesionales, campesinos peruanos, maestros, líderes religiosos, ministros y cuidadores.

Durante su vida viajó mucho e impartió conferencias sobre temas como el ministerio y los cuidados, la compasión, la construcción de la paz, el sufrimiento, la soledad, la comunidad, el morir y la muerte.

Siempre anduvo tras la búsqueda de nuevas imágenes para transmitir la profundidad de la buena nueva del mensaje evangélico. Por ejemplo, conoció y se hizo amigo de un grupo de trapecistas en un circo ambulante. Precisamente antes de su repentina muerte, estaba trabajando en un proyecto para utilizar la vida en el circo como imagen del viaje espiritual. *El regreso del hijo pródigo*, una de sus obras clásicas, une el arte y la espiritualidad en una interpretación contemporánea de la antigua parábola evangélica.

Durante los últimos diez años de su vida, vivió con personas discapacitadas en la comunidad El Arca, cerca de Toronto (Canadá).

La Henri Nouwen Society, que se inspira en la convicción de Henri de que la relación personal con Dios es la base de todas las demás relaciones, se dedica a crear oportunidades y recursos que apoyen a las personas en su deseo de crecer espiritualmente.

CPSIA information can be obtained
at www.ICGtesting.com
Printed in the USA
BVHW051334250722
642920BV00013B/164

9 781563 449673